AF249715

M. L'ABBÉ
BENOIT

PREMIER VICAIRE HONORAIRE DE SAINT-MERRY

PAR

UN VICAIRE DE SAINT-MERRY

PARIS

E. DE SOYE & FILS, IMPRIMEURS

5, PLACE DU PANTHÉON, 5

—

1876

M. L'ABBÉ BENOIT

Le diocèse de Paris a perdu récemment M. l'abbé Benoit, chanoine honoraire de l'église métropolitaine, premier vicaire honoraire de Saint-Merry. Ce prêtre infiniment respectable s'est endormi paisiblement dans le Seigneur, le lundi 14 février dernier, à l'âge de quatre-vingt-quatre ans, après avoir fait l'édification de ses confrères et de la paroisse, pendant près d'un demi-siècle.

Qu'il nous soit permis de consacrer quelques lignes à sa pieuse mémoire.

La vie de M. l'abbé Benoit, comme l'histoire des peuples heureux, est impossible à écrire, parce qu'elle fut uniforme dans le bien et dans la vertu. Sa sainteté, bien connue de Dieu seul, comme celle de tant de belles âmes, ne peut être peinte, parce qu'elle fut constamment cachée sous le voile de l'humilité, cette pierre angulaire de la perfection chrétienne et du bon sens. Mais il est possible de surprendre et de crayonner quelques traits qui distinguent et caractérisent notre vénéré défunt.

I

M. BENOIT JUSQU'A SON ORDINATION.

M. l'abbé Benoit (Jacques) est né le 4 décembre 1792. Dès l'âge le plus tendre, il fut prévenu des dons de la grâce, et il s'appliqua à y correspondre avec une fidélité qui faisait de lui un enfant modèle. Il préludait ainsi aux vertus sacerdotales qu'il porta, plus tard, à un si haut degré. Sa vocation naissante se manifestait jusque dans ses jeux de prédilection, auxquels il associait quelques jeunes amis, et qui consistaient à élever des petites chapelles, à dresser des autels, à organiser des processions, à représenter, peut-être avec une gravité précoce, mais certainement avec une respectueuse naïveté, les cérémonies de l'Église, et même la célébration de la sainte Messe.

Ces heureuses dispositions devaient visiblement conduire, de bonne heure, le jeune Jacques Benoit, au séminaire, vrai cénacle de la jeunesse cléricale. Mais, Dieu voulut faire passer cette âme d'élite, par le creuset des épreuves, pour en faire d'abord un solide chrétien, et ensuite, un prêtre selon son cœur. Son père, jusque-là dans l'aisance, perdit sa fortune et en mourut bientôt de chagrin. C'est alors que le jeune orphelin déploya une activité, une intelligence rares, et qu'il devint le soutien de sa mère et de sa sœur. Il ne craignit pas de recourir au travail des mains, pour subvenir aux besoins de ces chères existences; mais en même temps, il restait fidèle à tous ses devoirs religieux, et même, il développait, dans son cœur, les sentiments d'une tendre piété, car il entendait la sainte messe tous les jours.

Une jeunesse si chaste, si laborieuse, si dévouée méritait une belle récompense et provoquait des bénédictions particulières. Aussi, Dieu, souvent impénétrable, mais toujours paternel, les donna libéralement et presque sans mesure.

Frappée de ces habitudes si exceptionnelles

dans un jeune ouvrier, une dame pieuse qui observait, avec ravissement, M. Benoit depuis longtemps, se fit la providence de la mère et de la sœur, aida le bon fils, le frère dévoué, à réaliser ses plus chers désirs, c'est-à-dire, à répondre à une vocation dont bien des années difficiles avaient éprouvé et démontré la solidité, et l'admirable jeune homme put enfin devenir un pieux lévite.

C'était en 1816. M. Benoit avait donc vingt-quatre ans. La somme de ses connaissances était légère. Il avait toutes ses études à faire, comme saint Ignace, le célèbre fondateur de la Compagnie de Jésus, qui commença plus tard encore. Mais à force de travail et de bonne volonté, il répara les lacunes de son éducation.

D'ailleurs, l'élève adulte n'était pas déplacé au milieu de ses condisciples, la plupart enfants, car il était resté lui-même enfant par l'innocence et une aimable gaîté de caractère. C'est alors qu'il devint l'ami du grand évêque d'Orléans, qui n'était encore que *Félix*, pour celui qu'il se plaisait toujours depuis à appeler *son petit Jacques*. Il paraît bien que cette pieuse amitié ne cessa jamais, car nous avons sous les yeux, daté de ces derniers temps, ce billet charmant, tendrement familier du célèbre prélat au modeste vicaire : « *Dulcissime, carissime, ave, salve, vale, ama et ora pro veterrimo et fideli amico, ut ait S. Augustinus.* »

Comme si aucune épreuve ne devait manquer à sa vocation, le mûr séminariste fut atteint par de graves et cruelles maladies. L'une d'elles le conduisit aux portes du tombeau; on le crut mort. Déjà, tous les apprêts de son convoi étaient réglés; on allait l'ensevelir, quand une pieuse tante voulant contempler, une dernière fois, son pauvre neveu, crut voir qu'il respirait encore. Il respirait si bien que depuis, il a vécu plus d'un demi-siècle. S'il avait été enlevé, à cette époque, par une fin prématurée, on aurait pu lui appliquer ces belles paroles de la Sainte-Écriture : « Il a vécu peu de temps, mais sa courte vie vaut de longues années. » Cependant, quel dommage ! Une si belle santé, une si longue existence, une vieillesse si verte et si active ! Et surtout quel malheur ! pour l'Église privée de si bons services ! pour tant d'âmes conduites à Dieu par son zèle !

Malgré tout, l'abbé Benoit fit des études littéraires et théologiques très-complètes, car il passa dix ans au séminaire, soit à la petite communauté, soit à Issy, soit à Saint-Sulpice. Un détail révèle quelle haute idée avaient ses supérieurs de sa piété et de ses vertus. Il était du petit nombre des fervents, admis à habiter les chambres attenant à la chapelle de Notre-Dame-de-Lorette, située au milieu du parc de la Solitude, détruite par les insensés de la Commune, mais relevée depuis, et inaugurée récemment.

M. Benoit fut ordonné prêtre à la Trinité de 1826. Il avait trente-quatre ans. Enfin il put dire sa première messe. Avec quelle bonheur, quelle ravissante piété! nous renonçons à le dire. Il commença ainsi cette longue série, ces milliers de sacrifices saintement offerts, qu'aimaient à suivre assidûment les meilleures âmes de Saint-Merry. Il avait, pour le servir à l'autel, M. l'abbé Lacroix qui fut, pendant plus de quarante ans, clerc national de France à Rome, protonotaire apostolique et camérier secret de Sa Sainteté Pie IX. Le nouveau prêtre entra de suite, dans les fonctions laborieuses du ministère paroissial, d'abord comme vicaire à Saint-Gervais, et au bout de quelques mois, à Saint-Merry, où il passa toute sa vie et qu'il vient de quitter pour monter au ciel.

Il nous reste à parler brièvement de sa carrière sacerdotale qui se résume dans ces deux mots : piété et dévouement.

II

M. BENOIT JUSQU'A SA MORT.

On peut dire que M. Benoit avait une piété à la fois solide, tendre et communicative.

Sachant bien qu'il n'y a pas de petites choses devant Dieu, il s'appliquait, avec une égale attention, à tous les points de la journée chrétienne et de la vie ecclésiastique.

L'abondance de sa ferveur intime lui inspirait une rare délicatesse de conscience. Tout habitué qu'il était à écouter le maître intérieur dont parle Bossuet après saint Augustin, et à imprimer une direction judicieuse et sage aux âmes si nombreuses qui se confiaient à lui, il lui arrivait souvent de consulter ses confrères que son humilité confondait. Pour satisfaire les exigences de cette conscience toujours inquiète, il aimait à réciter le bréviaire en commun, et son meilleur ami, son confrère à Saint-Merry depuis quarante ans, son rival en sainteté, s'y prêtait avec une grâce charmante. Qui n'a vu souvent ces deux vénérables péripatéticiens faire mille fois le tour de la petite cour du presbytère, embrasés de l'amour de Dieu, comme deux séraphins, et psalmodiant le saint office?

L'expansion de sa piété était surtout remar-
quable envers la divine Eucharistie. Une sérieuse
préparation et une longue action de grâces té-
moignaient assez de sa ferveur à célébrer les
saints mystères. Il prolongeait chaque jour son
adoration à la chapelle du Très-Saint-Sacrement.
C'est là qu'il aimait à réciter son bréviaire, ses
prières de dévotion, et à passer de longues heures,
pour tenir compagnie à Notre-Seigneur dans sa
solitude, disait-il. Si un devoir impérieux appelait
l'un de nous, à l'église, au milieu de la nuit, il
était certain d'avance de trouver M. Benoit pro-
sterné devant la sainte réserve, imitant, à la
lettre, le Seigneur qui passait les nuits en prière,
et préludant, à sa manière, à l'œuvre admirable
de *l'Adoration-Nocturne.* Cet amour ardent pour
le sacrement de l'autel lui inspira souvent des
répliques pleines d'à propos. Un jour, un chrétien
peu éclairé s'étonnait, devant lui, de nous enten-
dre recommander sans cesse la communion fré-
quente, et M. Benoit lui cita ces paroles de saint
François de Sales, qui furent trouvées très-satis-
faisantes : « La Communion est nécessaire à tous :
aux forts, pour les fortifier davantage, et aux
faibles pour les soutenir. »

Il faut se borner ; cependant, comment passer

sous silence sa dévotion à la sainte Vierge. Il faisait, tous les soirs, pour se reposer, une promenade qu'il appelait la promenade du Rosaire ; et chaque année, pendant ses vacances, il était fidèle à faire, à pieds, un pèlerinage à l'un des sanctuaires les plus vénérés de Marie (1).

Aussi combien cette ardente piété était communicative et persuadait l'amour de Dieu ! Un jour, M. Benoit passait, une personne digne de foi, entendit clairement ces paroles sorties d'un groupe : « Voilà le bon M. Benoit ; quand je l'ai vu, je fais mieux ma prière. » Une autre fois l'un de ses curés, grand admirateur de son premier vicaire, le voyant en oraison, lui dit, avec une spontanéité piquante et réellement aimable, surtout pour ceux qui connaissaient son esprit, son cœur et sa foi : « M. Benoit, vous êtes toujours en prières ; vous ne craignez donc pas d'importuner le bon Dieu ? » et le saint homme répondit avec une conviction qu'il n'aurait pas réussi à faire partager : « Hélas ! je ne prierai jamais assez ; je suis un si grand pécheur ! »

Cet heureux besoin de prier sans cesse avait conduit M. Benoit, à une perfection intérieure que Dieu seul connaît, mais dont les mani-

(1) Notre-Dame de Liesse.

festations extérieures peuvent être appréciées.

Sa douceur fut inaltérable. Pendant son long vicariat, il eut à vivre avec de nombreux confrères de caractères bien différents, et on ne peut citer de lui, ni un mouvement de vivacité, ni un éclat de voix. Sa touchante affabilité, son bon sourire ne l'abandonnaient jamais.

Son humilité n'était pas moins profonde, car habile à rehausser les qualités et les talents des autres, il se regardait comme le dernier de tous. Il avait appris d'un homme de Dieu, disait-il, à faire volontiers les petites choses déplaisantes pour la nature. « Mon ami, » répondait-il à quelqu'un qui lui demandait son secret pour être si parfait, « il n'est pas bien difficile d'être saint comme moi, car il suffit de l'être bien peu. » Commenter de telles paroles serait les affaiblir ! Mais comment ne pas admirer une âme qui s'ignore à ce point ?

Sa préférence pour la pauvreté est indiscutable. Il vécut pauvre et pauvrement, bien que toujours digne. Il faisait la charité chaque jour libéralement, et sa main gauche dut ignorer souvent les bienfaits de la main droite, car il ne laissa pas même les ressources nécessaires pour ses funérailles.

Ce beau faisceau de vertus personnelles devait

être l'âme du ministère sacerdotal et des œuvres de zèle.

Sans parler de sa ponctualité à toutes les réunions paroissiales, de son actif concours à tous les travaux communs, qui ne sait que M. Benoit était au chevet des malades et des mourants jour et nuit? Pendant les terribles épidémies qui, plusieurs fois, en un quart de siècle, firent de Paris comme une vaste nécropole et multiplièrent les victimes, surtout dans les quartiers mal aérés, tels que la circonscription de Saint-Merry en compte encore beaucoup, il se montra héroïque à ce point que le souvenir en est encore vivant et populaire dans toute la paroisse.

Longtemps directeur de la confrérie de la Sainte-Vierge, il sut y discerner bien des vocations à une vie plus parfaite.

Dans les années les plus actives de son ministère, son confessionnal était littéralement assiégé. Tenter de dire combien d'âmes sont venues là, recevoir les plus judicieux conseils, la plus sage direction, et un accueil à la fois charitable et prudent, serait bien téméraire.

Pendant plus de vingt ans, il fit le catéchisme des *illettrés*, comme il appelait élégamment un grand nombre d'apprentis, d'orphelins, de vagabonds. Il les réunissait le soir ; comme le bon

Samaritain, il pansait leurs .plaies de toutes sortes, il s'en faisait aimer, et tous ces deshérités faisaient une bonne première communion. C'est ainsi que le bon prêtre pressentait la nécessité d'une œuvre à la saint Vincent de Paul, que l'un de ses émules a fondée depuis, sous le nom d'*Œuvre de la Première-Communion*.

Enfin, à la charité pour les âmes, il associait la compassion pour certains maux du corps, et c'est par milliers qu'il faut compter les personnes qui réclamaient *M. le docteur Benoit*, le bon, le saint M. Benoit, pour recevoir son onguent, ses soins et la guérison.

Tant de vertus et de mérite créèrent, au simple vicaire, une personnalité bien nette, et lui acquirent une notoriété et une considération exceptionnelles. La paroisse tout entière le regarda comme un saint; tous ses curés eurent pour lui, une sorte de culte; bien des prêtres, quelques-uns haut placés, recherchèrent ses conseils et sa direction; et l'autorité diocésaine lui réserva une distinction bien rarement accordée à son titre et à son rang dans le clergé. Monseigneur Darboy le nomma chanoine honoraire, aux applaudissements de tous. On lira volontiers la lettre aussi pleine que flatteuse de l'archevêque-martyr au nouveau chanoine.

« Cher monsieur l'abbé, voulant vous donner
« une marque de l'estime et de l'affection que
« m'inspirent vos qualités sacerdotales, et vous
« remercier du zèle et de la charité avec lesquels
« vous avez constamment rempli les devoirs d'un
« laborieux ministère, je vous nomme chanoine
« honoraire de l'Église de Paris.

« Je m'applaudis de ce qu'en vous accordant
« cette distinction, je trouve à la fois le moyen
« de vous rendre justice, de faire plaisir à votre
« excellent curé, à la paroisse Saint-Merry, et
« à tous vos confrères MM. les vicaires du dio-
« cèse. Recevez, etc... »

M. Benoit resta en activité jusqu'à l'âge de
quatre-vingts ans passés, et sa courte retraite fut
encore occupée. Un ministère de cinquante ans
dans la même paroisse, c'est assez respectable !

Cependant, une si sainte vie devait finir, et le
moment était venu, pour le bon et fidèle serviteur,
d'entrer dans la joie du Seigneur.

Le samedi, 12 février dernier, le pieux vieillard
célébra la sainte messe, pour la dernière fois,
avec sa ferveur ordinaire, et il entendit quelques
confessions. Le dimanche 13, un malaise peu
défini ne lui permit que d'assister au saint sacri-
fice. Le lundi 14, dès le matin, les symptômes les
plus alarmants se manifestèrent ; le vénérable

moribond se confessa, reçut les derniers sacrements, la dernière indulgence, les dernières consolations si fortifiantes de notre sainte mère l'Eglise, et le même jour, à trois heures de l'après-midi, sans lutte, sans agonie et toujours en prières, il remit doucement son âme entre les mains de son Créateur (1).

Les obsèques du vénéré défunt furent un dernier hommage à ses vertus. Deux de MM. les vicaires généraux, M. le promoteur, une députation du chapitre métropolitain, plusieurs de MM. les curés de Paris, et un grand nombre de prêtres les honorèrent de leur présence. Le Conseil de fabrique toutes les familles notables et chrétiennes de la paroisse, toutes les âmes pieuses remplirent l'église; les enfants et les pauvres, qu'il avait tant aimés, lui firent un cortége d'honneur.

Et maintenant, ô saint prêtre, reposez en paix, jouissez du bonheur que vous ont mérité votre piété, vos vertus et vos œuvres, et que Dieu nous fasse la grâce de vous imiter.

(1) **M.** l'abbé Benoit faisait partie de l'Association des prières pour les prêtres défunts.

(Extrait de la *Semaine religieuse* de Paris.)

Paris. — E. DE SOYE et FILS, imprimeurs, place du Panthéon, 5.